# ¡Protege a los rinocerontes negros!

Grace Hansen

Abdo
PEQUEÑOS ACTIVISTAS:
ESPECIES EN PELIGRO
Kids

Abdo Kids Jumbo es una subdivisión de Abdo Kids
abdobooks.com

**abdobooks.com**

Published by Abdo Kids, a division of ABDO, P.O. Box 398166, Minneapolis, Minnesota 55439.

052019

092019

Spanish Translator: Maria Puchol

Photo Credits: Getty Images, iStock, Shutterstock

Production Contributors: Teddy Borth, Jennie Forsberg, Grace Hansen

Design Contributors: Dorothy Toth, Laura Mitchell

Library of Congress Control Number: 2018968167

Publisher's Cataloging-in-Publication Data

Names: Hansen, Grace, author.

Title: ¡Protege a los rinocerontes negros!/ by Grace Hansen.

Other title: Help the black rhinoceros. Spanish

Description: Minneapolis, Minnesota : Abdo Kids, 2020. | Series: Pequeños activistas: especies en peligro

Identifiers: ISBN 9781532187520 (lib.bdg.) | ISBN 9781532188503 (ebook)

Subjects: LCSH: Black rhinoceros--Juvenile literature. | Wildlife recovery--Juvenile literature. | Endangered species--Juvenile literature. | Rhinoceroses--Juvenile literature. | Conservation--Juvenile literature. | Spanish language materials--Juvenile literature.

Classification: DDC 333.954--dc23

# Contenido

## Rinocerontes negros

Los rinocerontes negros viven en algunas zonas de África. Son de color gris. La mayoría tienen dos cuernos que pueden ser bastante largos.

Los rinocerontes son uno de los grupos de **mamíferos** más antiguos del planeta. Sus **antepasados** vivieron hace más de 50 millones de años.

Los rinocerontes actuales son mucho más pequeños que sus gigantes **antepasados**. ¡Aún así pueden llegar a pesar nada menos que 4,000 libras (1,814 kg)!

# Estado actual de conservación

En África, unos 5,400 rinocerontes negros recorren la sabana. A estos rinocerontes se les considerada **en peligro crítico** de extinción.

Hoy la situación está mejor que en 1995. En aquella época solamente existían 2,500 rinocerontes negros en libertad. Se hizo necesario protegerlos.

## Amenazas

Una razón de que su población haya dismunuido es la pérdida de su hábitat. Los rinocerontes son muy grandes y necesitan comer muchas plantas. Cuanto menos espacio tienen, menos comida hay.

Los rinocerontes pasan la mayoría de sus vidas solos. Necesitan mucho espacio para deambular.

La gran amenaza para los rinocerontes es la **caza furtiva**. Muchos rinocerontes son asesinados cada año para poder cortarles sus cuernos. Sus cuernos son muy valiosos en algunas culturas.

## Por qué son importantes

Los rinocerontes son muy importantes para sus hábitats. Se han reservado grandes superficies de tierra para protegerlos. Esto también ha ayudado a otros fascinantes animales africanos, como los elefantes.

# En resumen

- Estado actual de conservación: **en peligro crítico**
- Población: de 5,000 a 5,500
- Hábitat: prados secos, sabanas, matorrales y desiertos en el sur y este de África
- Mayores amenazas: la **caza furtiva** y la pérdida de su hábitat

# Glosario

**antepasado** – miembro de la familia que vivió hace mucho tiempo.

**caza furtiva** – cazar o poner trampas ilegalmente.

**en peligro crítico** – riesgo extremadamente alto de desaparecer.

**mamífero** – animal de sangre caliente con la piel cubierta de pelo y esqueleto interno. Las madres producen leche para sus crías.

# Índice

¡Visita nuestra página **abdokids.com** y usa este código para tener acceso a juegos, manualidades, videos y mucho más!